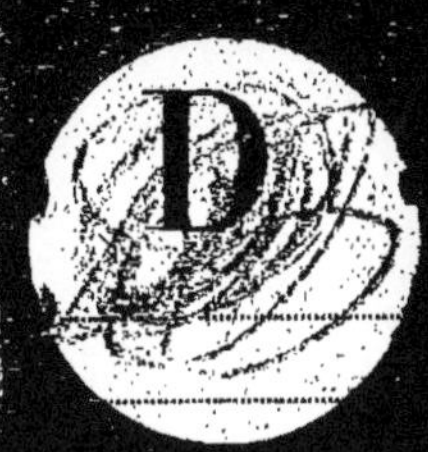

SUPPLÉMENT

AU CATALOGUE

DE M. L'ABBÉ DE GÉ***

Des Tableaux des trois Écoles, Desseins montés & en feuilles, de belles Estampes montées, Terres cuites, Figures de bronze, Vases de porphyre, d'agate & autres matières précieuses; Porcelaines anciennes; Meubles de Boule & autres Objets rares & curieux.

Par J. B. P. LE BRUN, Garde des Tableaux de Mgr.
Comte d'Artois.

La Vente en sera faite le Lundi 10 Decembre 1787, & jours suivans, rue de Cléry, n°. 96; où l'on fera l'exposition les quatre jours qui précéderont, depuis dix heures du matin jusqu'à une heure.

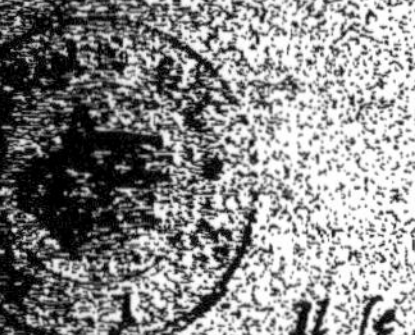

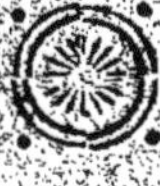

Il se distribue à PARIS,
Chez M. LE BRUN, rue de Cléry, n°. 95.

1787.

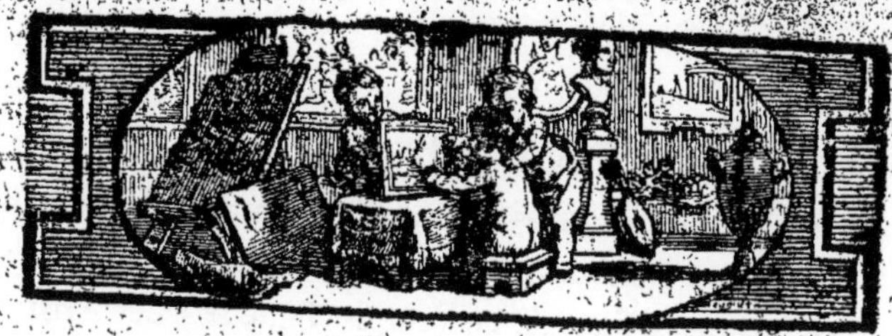

SUITE ET SUPPLÉMENT

AU CATALOGUE

DE M. LE DUC DE CH***

TABLEAUX.

COPIE DE RAPHAEL.

N°. 100 UNE très-belle copie de l'École d'A-
thenes de Raphaël, peinte à Rome. Hauteur 3
pieds, largeur 4 pieds.

Attribué à LÉONARD DE VINCI.

101 Un Tableau repréſentant l'Enfant Jéſus qui ca-
reſſé Saint Jean ; compoſition agréable ſur bois.

J. P. PANINI.

101 bis Deux Tableaux de la plus riche compoſition : l'un repréſente l'intérieur de Saint-Pierre de
Rome pris dans ſon point de vue le plus favorable
& le plus heureux pour les effets de lumiere ; il

A ij

eft orné de figures diftribuées avec art : le fecond Tableau offre la vue entiere de la place Saint Pierre & toute la face de ce temple fameux. Cet Artifte favant ne pouvoit choifir un lieu plus magnifique & plus fpacieux pour y repréfenter l'entrée céré-moniale de M. le Duc de Choifeul lors de fon ambaffade à Rome. Tout ce que nous pourrions détailler des beautés de ces deux Tableaux & du précédent, ne pourroit jamais les rendre avec la diftinction qu'ils méritent. Hauteur 5 pieds 3 pou-ces, largeur 6 pieds 10 pouces. T. Ils ont fait par-tie de la Collection de M, le Duc de Choifeul.

PAR LE MÊME.

102 La Vue de plufieurs monumens antiques. Sur la droite on voit auprès des ruines du Colifée un obé-lifque de granit ; à gauche on voit l'arc de Conf-tantin, & plus loin les ruines du temple du So-leil. Ce Tableau, du beau faire de J. Paul Pan-nini, eft enrichi fur les devans de huit figures prin-cipales. Hauteur 39 pouces ; largeur 36 pouc. T.

LE CHEVALIER VOLLAIRE, ET FOSCHI.

103 Deux Tableaux ; l'un repréfent. une éruption du Véfuve, l'autre un hiver : on compare avec intérêt ces oppofitions du froid à la plus vive chaleur, qui font rendus avec une vérité étonnante. Haut. 20 pouces, largeur 42 pouces. T.

LABRUZZI.

104 Deux Vues d'Italie ; l'une eft celle du temple

de la Sybille Tiburtine à Tivoli ; l'autre offre le
ruines du temple du Soleil. Ces deux jolis Tableaux
tiennent de la maniere de Lucatelli : ils font de
forme ovale en travers. Hauteur 18 pouces, larg.
26 pouces. T.

ALBERT CUYP.

105 La Vue d'une campagne ; à droite, & fur le
premier plan, l'on voit un cavalier fur un cheval
brun ; non loin eft un berger avec quelques moutons, & des chiens de chaffe, qui courent de
droite & de gauche ; du même côté, un homme
monté fur un cheval blanc galope à toute bride,
& paffe près d'un jeune garçon qui tient un bâton
à la main ; à gauche & fur le fecond plan s'offre
un château orné de ftatues devant lequel on voit
encore des cavaliers, des figures à pied & des
beftiaux ; le fond eft un lointain clair & agréable.
Ce Tableau, d'une exécution parfaite, peut être
regardé comme un des plus beaux de ce Maître.
Il a fait partie de la vente de M. Slingelandt à Dort,
& a été enfuite adjugée à 4499 livres 19 fols dans
la vente de M. Dubois. Hauteur 46 pouces, largeur
66 pouces. T.

DAVID TÉNIERS.

106 Le Laboratoire d'un Chymifte où l'on compte
quatre figures ; fur le devant à gauche, le Chymifte vu de profil, vêtu d'une robe bleue, eft
affis fur un efcabel devant des fourneaux. Sa tête

eſt coëffée d'un bonnet bleu , garni d'une fourrure ;
une barbe blanche deſcend ſur ſa poitrine ; il eſt
occupé à ſouffler des charbons ſur leſquels eſt un
creuſet: on voit à terre un grand livre ouvert poſé
ſur d'autres fermés ; un jeune homme vu de face
en plan coupé , & dans la demi-teinte , paroît faire
des queſtions ſur une phiole qu'il tient dans ſa
main. Dans le fond , deux jeunes garçons, l'un aſſis
vu de profil, & l'autre debout vu par derriere , ſont
diverſement occupés ; ils ſont à une table près d'un
fourneau allumé , & ſur lequel on voit un alambic.
Tous les acceſſoires dépendans de la Chymie ornent
les différens plans du laboratoire au plancher duquel on voit un poiſſon deſſéché ſuſpendu. Ce
Tableau, du ton le plus argentin , réunit dans
toutes ſes parties la perfection d'un chef-d'œuvre.
Hauteur 14 pouces, largeur 20 pouces 6 lignes.

PAR LE MÊME.

107 Une Kermeſſe ou Fête de Village Flamande ;
composition très-riche de plus de ſoixante figures :
à droite , auprès d'une auberge dont on voit l'hô-
teſſe ſur la porte , nombre de payſans & de pay-
ſannes ſont rangés à pluſieurs tables ; ſur le devant , ſix hommes & ſix femmes danſent au milieu
d'un cercle conſidérable parmi lequel on remarque
le joueur de muſette monté ſur un tonneau ; à
gauche , dans l'éloignement, un groupe de figures
en gaieté entrent dans une auberge ; près d'eux on

voit encore une femme qui s'efforce de relever un homme ivre tombé à terre. Ce Tableau, éclairé par le soleil couchant, est un des plus riches & des meilleurs ouvrages de ce Maitre. Hauteur 17 pouces, largeur 22 pouces 4 lignes. Il se trouve gravé par M. Daudet dans le choix des Maitres Flamands & Hollandois que je fais graver, & a été vendu 3021 l. à la vente de M. le Chevalier Lambert.

PAR LE MÊME.

108 La Vue du canal de Bruxelles : le devant, orné de sept figures, offre trois pêcheurs dans l'eau, occupés à retirer des filets ; plusieurs autres sont à terre ; huit autres figures sont distribuées sur différens plans ; la gauche est occupée par un château d'architecture gothique, & flanquée de tourelles. Ce précieux Tableau est d'une touche fine & brillante, & du ton le plus argentin. Hauteur 15 pouces, largeur 25 pouces. B.

PAR LE MÊME.

109 L'intérieur d'une chambre où l'on voit sur la gauche un homme assis jouant de la cornemuse, & dans le fond près d'une cheminée, quatre autres dont deux jouent aux cartes. Ce Tableau, d'une grande harmonie, est d'un faire vigoureux & d'une touche large. Hauteur 20 pouces, largeur 18 pouces. T.

JACQUES RUISDAAL & PH. WOUWERMANS.

110 La Vue du canal de la Haye, où l'on voit au-delà sur la droite une partie de la maison du

Prince d'Orange. Ce Portrait exact du lieu eſt enrichi dans le milieu d'une allée d'arbres ſervant de promenade publique ; ſur les différens plans pluſieurs voitures attelées, des cavaliers, & nombre de grouppes & de figures variées & agréables, ornent ce Tableau de la plus grande harmonie & de l'effet le plus piquant. Hauteur 22 pouces, larg. 19 pouces. T.

Adrien van Ostade.

111 L'intérieur d'une Chambre de payſans : l'on y compte dix figures : ſur les premiers plans, on voit auprès d'une cheminée quatre hommes autour d'une table ; le plus remarquable eſt vêtu d'une veſte bleue & porte un tablier de peau ; ſa tête, vue de face, eſt coëffée d'un petit chapeau, & ſon bras droit appuyé ſur la table tient une pipe dans ſa main : vers le milieu, un autre, coëffé d'un bonnet, joue du violon ; on voit dans la cheminée un petit garçon qui s'amuſe avec les pincettes, & à gauche, dans l'éloignement, on apperçoit auprès d'une fenêtre deux hommes qui jouent aux cartes ; un troiſieme debout les regarde. Différens acceſſoires ſont répandus çà & là. Ce Tableau, l'un des plus capitaux de ce Maître, offre l'harmonie & la couleur de ſes meilleurs ouvrages ; on connoît toute la vérité & l'expreſſion de ſes figures ; celui-ci eſt précieux par le nombre de celles qui l'enrichiſſent. Hauteur 15 pouces 6 lignes, largeur 18 pouces. B. Il vient du Cabinet de M. Trouard.

G. TERBURG.

112 Le Portrait de Gaspard de Witt, Penfionnaire de
Hollande ; on le voit à droite affis prefque de face : il
eft vêtu d'un furtout de foie noire, & fa tête eft coëffée
de cheveux blonds qui defcendent de chaque côté fur
fa poitrine ; fa main droite eft appuyée fur fa hanche,
& de la gauche il tient une lettre ouverte : près de
lui eft une table couverte d'un tapis de velours
rouge où l'on voit des livres, un pupitre, une
flûte & une écritoire, une carte de l'Europe eft
fufpendue au mur. Ce Tableau, d'une belle couleur & d'une grande harmonie, eft du meilleur
tems de ce Maître. Hauteur 26 pouces 6 lignes,
largeur 20 pouces. T.

J. WYNANTS & LINGELBAC.

113 Un Payfage dont les premiers plans repréfentent
un grand chemin, dans lequel on voit un homme
monté fur un cheval blanc à qui un pauvre fuivi
d'un enfant demande l'aumône ; à droite, un payfan monté fur un âne, accompagné d'une femme
à pied, eft prêt de paffer fous une ancienne porte
dont les murs touchent à des fabriques dont la
principale eft une tour fervant de colombier ; la
gauche offrant une monticule eft féparée par une
haie, auprès de laquelle s'éleve un chêne ; un tronc
d'arbre renverfé parmi des plantes du plus précieux fini, enrichiffent les devans : plus loin, fur
une élévation, un jeune garçon & une jeune fille

gardent des moutons à l'entrée d'un petit bois : le lointain offre une riviere & des montagnes. Des arbres & quelques figures ornent encore les plans éloignés. Ce Tableau capital eft du plus beau faire & de la plus belle confervation. Hauteur 3 pieds 2 pouces & demi, largeur 4 pieds 6 lignes.

PH. WOUWERMANS.

114 Un Payfage dont les premiers plans offrent au-près d'un groupe d'arbres un homme qui coupe du bois ; près de lui, un cheval blanc, vu de face, eft chargé de fagots, & deux chiens font couchés à terre ; des troncs d'arbres renverfés, des poules, des débris de charrue font autant de détails pré-cieufement finis, qui enrichiffent ce premier plan ; plus loin, une femme, chargée d'un fagot, s'en retourne vers un pont d'un arche, fur lequel on voit deux voyageurs précedés d'un lévrier, & deux autres figures appuyées contre le parapet, l'une defquelles pêche au filet ; une ferme fe voit à quelque diftance. Ce Tableau, un des plus précieux de ce Maître, joint à une confervation parfaite, une compofition agréable, un ton frais & un grand fini. Hauteur 17 pouces 4 lignes, lar-geur 14 pouces & demi. B.

G. DE LAIRESSE.

115 Aman confondu devant Affuérus ; compofition capitale de quatre figures principales. Le Roi & Aman font à table chez la Reine ; que l'on voit

de profil , affife fur un trône & vêtue d'une robe
lilas rayée d'or ; fa tête coëffée de cheveux noirs ,
& ceinte du diadême, a un caractere d'humilité ;
Efther porte fa main droite fur fon cœur , & la
gauche eft étendue vers Aman que l'on voit de
face dans l'attitude de la confufion : un homme
debout près de lui , vêtu d'un manteau violet ,
vient annoncer au Roi l'élévation de la potence
pour Mardochée , & Affuérus commande le fup-
plice pour fon favori. Le Roi eft vu de face à mi-
corps ; il eft debout, la tête nue, & les épaules
couvertes d'un manteau de pourpre ; fa tête porte
un caractere d'indignation : devant lui , la table
couverte de vafes & de plats d'or, eft ornée d'un
tapis de Perfe. A droite on voit , fur un plan
éloigné, les Officiers portant les mets. Le fite eft
l'intérieur d'un palais d'une riche ordonnance, orné
de colonnes & de ftatues de marbre ; des draperies
vertes font relevées de chaque côté. Une compofition des plus riches , des expreffions vraies diftinguent ce Tableau capital, qui joint à l'harmonie
& à la couleur de l'École Hollandoife, la nobleffe
du ftyle & le grand caractere des compofitions
hiftoriques des plus grands Maîtres. Hauteur 38
pouces 6 lignes, largeur 54 pouces. T.

GODEFROY SCHALCKEN.

116 Une Femme vue à mi-corps & de profil ; elle
fouffle dans un réchaud de terre des charbons

ardens dont elle approche une chandelle qu'elle
veut allumer. Ce Tableau, d'une grande vérité, a
beaucoup d'harmonie, & le pinceau en est moël-
leux. Hauteur 22 pouces 6 lignes, largeur 20
pouces. T.

N. BERCHEM.

817 Un Paysage d'un site pittoresque, offrant un
grand chemin dans des gorges de rochers, & un
torrent qui vient de la gauche & forme sur les
devans une riviere que des bestiaux traversent à
gué. On y compte sept vaches & deux chevres,
conduits par cinq pâtres; l'un sur la gauche est
déja à terre, & amene la vache conductrice du
troupeau; deux autres sont au milieu de l'eau;
au-delà une femme montée sur un mulet, accom-
pagnée de deux hommes, s'apprête à suivre, &
l'on voit encore un peu plus loin deux vaches &
un homme sur un mulet auprès d'un rocher inac-
cessible & très-élevé qui sépare deux chemins
ornés de quelques figures; celui à gauche planté de
cyprès est joint à la campagne par un pont de
planches que traverse un homme conduisant une
bête de somme; le chemin à droite s'éleve entre des
rochers garnis de cyprès qui bornent la vue. Ce
Tableau capital réunit toutes les qualités d'un
chef-d'œuvre, une composition agréable & pittoresque, un fini précieux, une touche inimitable,
des tons vrais, une belle couleur rappellent aisé-

ment le nom de Berchem, c'eſt une de ſes productions les plus capitales qui ſoit connuë. Hauteur
24 pouces, largeur 16 pouces 6 lignes. B.

P A R L E M Ê M E.

118 Une Marine éclairée par un ſoleil couchant &
vaporeux; ſur les premiers plans, au bord de la
mer, on voit quatre pêcheurs, & quatre autres
perſonnages plus éloignés, dont l'un eſt habillé
dans le coſtume levantin; de l'autre côté de l'eau
eſt une galere à l'ancre : le fond eſt terminé par de
grandes maſſes de rochers; la vapeur de ce Tableau,
l'étendue de l'horiſon & la belle couleur en font un
des plus beaux & des plus piquans que l'on con-
noiſſe. Hauteur 11 pouces, largeur 14. B.

J E A N A S S E L Y N.

119 Un beau Payſage d'un ſite pittoreſque, orné ſur
la droite d'une maſſe de ruines & de buiſſons au
bord d'une grande riviere qui coule entre des montagnes & vient occuper la gauche des premiers plans.
Un troupeau de cinq vaches & de ſix moutons tra-
verſent l'eau; ils ſont conduits par un Pâtre que
l'on voit à droite ſur le premier plan. La figure
vue par le dos, porte 8 pouces & demi de proportion; il eſt vêtu d'un gilet de peau de mouton
& d'une culotte bleue, & ſon chapeau eſt enfoncé
dans ſa tête; il jette une pierre avec ſa houlette.
Ce Tableau, éclairé au ſoleil couchant, eſt d'une
vérité au-deſſus de toute deſcription; un ton chaud

& vigoureux, un pinceau facile caractérifent cette production des plus capitales de ce Maître. Hauteur 37 pouces, largeur 48. T.

P A R L E M É M E.

120 Un joli Payfage où l'on voit fur le premier plan un grouppe de trois figures ; c'eft une femme affife à terre & un cavalier qui tient encore la bride de fon cheval que l'on voit près de lui ; un homme leur fert à boire, un mulet près de lui, eft chargé de bouteilles ; dans l'éloignement on diftingue plufieurs grouppes de figures, près des reftes de plufieurs fabriques fituées au pied d'une petite montagne ; à droite on voit encore deux hommes au bord d'une riviere, & au-delà, un lointain de montagnes. Ce Tableau, éclairé au foleil couchant, eft une des bonnes productions de ce Maître. Hauteur 14 pouces 6 lignes, largeur 16 pouces 6 lignes.

V A N K E S S E L.

121 Deux Tableaux repréfentant des papillons, des infectes & des grofeilles fur un fond blanc. Hauteur 4 pouces, largeur 5 pouces 3 lignes. C.

S. F R A N C K.

122 Un Tableau repréfentant l'Adoration des Bergers peint fur cuivre.

E. D E W I S T dit C A N D I D E.

123 Un Deffin à la plume & à l'encre de la chine

repréſentant Jéſus-Chriſt & ſes Apôtres ; ce deſſin qui a appartenu à la Reine Chriſtine de Suede eſt ſingulier & en même-tems bien précieux ; chaque figure contient un article du Symbole écrit à la plume en caractere ſi fins, qu'ils ſont preſqu'imperceptibles & ne dérangent aucunement les traits du deſſin : c'eſt un Médecin du Pape Grégoire XIII, qui a fait en 1585 ce chef-d'œuvre de chyrographie.

VERMEYER.

124 Un Tableau repréſentant les Noces de Thétis & de Pelée, peint ſur cuivre du tems de Rubens.

ANTONISSENS.

125 Une Prairie où l'on voit quatre vaches ſur différens plans, un Pâtre, une femme & un chien. Ce Tableau très-vrai & d'un fini agréable & précieux, porte de hauteur 27 pouces, largeur 32 pouces. Cet Artiſte a été le maître de M. Ommeganck, l'un des plus grands Peintres d'animaux de ce ſiecle.

M. B. F. ROBART.

126 Six Tableaux de fleurs & de fruits : ces Tableaux très-fins & d'une compoſition agréable, ſont dans la maniere de Van Huyſum, à l'école duquel M. Robart a puiſé les principes de ſon art, & ſes productions ont le charme de la couleur flamande. B.

PAR LE MÊME.

127 Un Payſage dans lequel on voit deux jeunes filles

qui jouent avec un ferin. Hauteur 16 pouces, largeur 11 pouces.

PAR LE MEME.

128 Un Tableau repréfentant une nourrice & fon enfant endormi. Ce Tableau, dans la maniere de Wanderwerf eft peint fur cuivre. Hauteur 9 pouces & demi, largeur 20 pouces.

Par différens Maîtres.

129 Vingt-huit Tableaux, par David Téniers le vieux, Voorhoot, Palamedes, &c. qui feront divifés.

ANTOINE WATTEAU.

131 Deux Tableaux, Payfages & Figures, repréfentans des amufemens champêtres; l'un compofé de fix figures & l'autre de quatre. Ces deux morceaux font gravés & font partie de l'œuvre de ce Maître. Il vient de la vente du Prince de Conti. Hauteur 16 pouces, largeur 13 pouces. T.

J. B. PATER.

131 Deux Tableaux des plus fins de ce Maître, dont un compofé de dix figures fur le devant d'un bofquet orné de vafes & de ftatues; on voit fur le devant un grouppe de trois perfonnages, dont une jeune femme vêtue en blanc, tenant une guittarre & converfant avec deux hommes, dont un fur le devant, habillé à l'efpagnol & l'autre en pierrot; plus loin on voit trois autres perfonnages qui femblent

les

les écouter. L'autre repréfente cinq figures à l'entrée
d'un bois, dont une jeune fille vue de profil, ajuftée
d'un corfet de taffetas rayé & d'une jupe blanche,
tenant un livre de mufique, accompagnant un homme
qui joue de la flûte ; devant eux eft un homme vêtu
à l'efpagnol, affis, vu par le dos & tenant une
guittarre ; dans le fond on apperçoit deux autres
figures qui paroiffent fe promener. Ces deux morceaux font d'une couleur fuave & brillante ; ils
viennent de la vente de M. le Chevalier de Clainne,
n°. 59 de fon Catalogue. Hauteur 14 pouces, largeur 12 pouces.

M. VERNET.

132 Un Tableau capital, repréfentant une fontaine
au bord de la mer, un pavillon agréable s'éleve
fur la droite, nombre de figures ornent les différens
plans ; des vaiffeaux paroiffent en pleine mer, l'arc-
en-ciel paroît dans l'éloignement. Ce Tableau, d'une
couleur brillante, eft un des ouvrages diftingués de
cet habile Maître. Hauteur 3 pieds, largeur 4 pieds. T.
Ce Tableau a été vendu chez M. de Baujon 3900 l.

M. GREUZE.

133 Un Tableau repréfentant une belle femme à fa
croifée, fon bras gauche eft appuyé fur un vafe de
fleurs, & fa main tient une lettre ; l'air gracieux
de fa tête & l'attitude de fa main droite indiquent
qu'elle envoye un baifer ; la lumiere éclaire artifte-
ment fa gorge & un grand rideau qui pend au

dehors de la fenêtre, ce qui forme une belle oppo-
fition & produit un bel effet. Ce Tableau eft très-
fini & d'un beau tranfparent. Il eft gravé dans le
cabinet de M. le Duc de Choifeul.

M. IMBERT.

134 L'Intérieur d'une Chambre où l'on voit une jeune
fille affife auprès d'une table, occupée à tirer les
cartes ; elle eft vêtue d'un jufte rouge & d'une
jupe blanche ; fon corfet eft délacé & fon fichu
laiffe voir fa gorge demi découverte, la figure a
le caractere de la réflexion : on voit dans la chambre
divers acceffoires de modes ; des gazes, des rubans,
des plumes, un chapeau couvrent une table qui eft
fur la droite. Ce petit Tableau très-harmonieux, eft
d'une touche fine & délicate, & d'une compofition
agréable. Hauteur 1 pied, largeur 10 pouces 3
lignes. B.

PAR LE MÊME.

135 L'Intérieur d'une Maifon ruftique, où l'on voit
fur le devant des légumes & des uftenfiles de cui-
fine grouppés enfemble ; vers le milieu, fur le fecond
plan, une jeune fille & un payfan font à table occupés à boire ; à gauche on voit un renfoncement dans
la demi teinte, où du linge eft étendu fur des cordes.
Ce Tableau, d'une compofition agréable, a toute
l'harmonie des bons Maîtres hollandois : l'on remarque une grande vérité dans tous les détails & beau-

coup de fineſſe dans la touche. Hauteur 9 pouces , largeur 7 pouces & demi. B.

M. Mouchet.

136 Une jeune Fille nue entrant dans ſon lit & appelant un petit chien. Ce Tableau eſt connu par la gravure qu'en a faite M. Louis d'Arciſſe , ſous le titre du *Couchez là* , Tableau de forme ovale. Hauteur 10 pouces , largeur 7 pouces 6 lignes. C.

Par Moor, *Anglois.*

137 Une Vue du Lac de Genève , & une vue du Mont Blanc : ces deux Tableaux, compoſés d'une maniere ſimple & grande , annoncent l'exactitude & ſont diſtingués par une vérité de vapeur aërienne que l'on rencontre rarement dans les ouvrages modernes. Hauteur 36 pouces, largeur 48 pouces. T.

138 Pluſieurs Tableaux & autres Objets qui ſeront diviſés dans le cours des Vacations.

DESSINS MONTÉS
DES TROIS ÉCOLES.

P. Cortonne.

139 Saint Charles-Borromée faiſant des miracles, compoſition de 17 figures ; ce beau deſſin a toujours été attribué à Pietre de Cortonne , il eſt lavé au

biftre & rehauffé de blanc. Hauteur 21 pouces
6 lignes, largeur 15 pouces.

GASPARO VANVITELLY.

140 Deux Gouazzes, l'une repréfentant la vue de
la place Navonne à Rome, l'autre eft celle de la
place Saint Marc à Vénife; elles font enrichies de
petites figures d'une grande vérité : ces deux morceaux font intéreffans par leur fite & le mérite
d'être exécutés par un Maître auffi habile. Hauteur
8 pouces 6 lignes, l'argeur 16 pouces.

C. BERNIN ET F. LEMOINE.

141 Deux Deffins montés fous un cadre à deux faces;
l'un par le C. Bernin, repréfente l'adoration des
Bergers, très-belle compofition de douze figures
lavées à l'encre de la Chine fur papier gris rehauffé de blanc ; l'autre repréfente un plafond,
fujet allégorique à la gloire de Louis XV, deffin
aux crayons noir & blanc fur papier bleu. Hauteur
22 pouces, largeur 18 pouces.

J. PAUL PARINI.

142 Les ruines d'un Palais, où l'on y voit trois cou-
poles foutenues fur des colonnes; à gauche eft la
ftatue d'Hercule, & plus loin celle de Marc-
Aurele, le fond offre d'autres monumens; les différens plans font ornés de figures touchées avec une
grande facilité.

Le pendant du précédent repréfente un veftibule dé-

coré d'arcades ifolées & foutenu fur des colonnes ;
l'on y voit une ftatue coloffale d'Apollon , à droite
un tombeau de Porphyre & des Fragments de
bas relief ; fur une baluftrade élevée on voit deux
hommes qui étendent un tapis : ces deux deffins à
l'encre de la Chine légérement coloriés , portent
de hauteur 15 pouces 6 lignes , largeur 12 pouces.

CARLE MARATTE.

143 Le Portrait de ce peintre eft découvert par le
génie de la Peinture , Minerve l'orne de fleurs ,
& la Peinture caraétérifée par une femme affife
au-deffous, le contemple , deux petits genies portent fes attributs , un porte-crayon & un porte-
feuille. Hauteur 17 pouces, largeur 12 pouces.

P. PALMERIUS.

144 Deux beaux deffins d'un précieux fini à la plume
fur papier blanc , ils font dans le ftyle de Salvator
Rofa. Hauteur 15 pouces, largeur 21 pouces.

PAR LE MÊME.

145 Un Payfage repréfentant des rochers ; on y voit
deux figures , deux chevaux paroiffent dans le bas
en plan coupé ; ce deffin à la plume fur papier
blanc de forme ronde , a 9 pouces 6 lignes de
diamètre.

JEAN BOTH.

146 Un Payfage richement compofé ; de grands
arbres s'élevent fur la droite peu éloignés d'une

riviere qui eſt traverſée d'un pont ; des collines terminent ce deſſin d'un bon effet , & orné de figures & animaux ; il eſt à l'encre de la Chine ſur papier blanc. Hauteur 19 pouces 6 lignes, largeur 14 pouces.

ADRIEN VAN OSTADE.

147 Un deſſin colorié précieuſement terminé , repré-ſentant deux hommes qu jouent au trictrac , un troiſieme qui tient une pipe & un pot les conſidere ; dans le fond on apperçoit deux hommes auprès d'une cheminée ; divers acceſſoires ſont répandus ſur les différents plans de ce deſſin rare qui eſt rempli de vérité. Hauteur 6 pouces 3 lignes, lar- 5 pouces 3 lignes.

ALBERT KUYP.

148 Un Deſſin légérement colorié , où l'on voit dans une piece d'eau trois vaches que deux jeunes gar-çons font boire ; dans le fond on voit quelques montagnes. Hauteur 8 pouces 6 lignes , largeur 10 pouces 6 lignes.

NICOLAS BERGHEM.

149 Un Deſſin capital & terminé ; l'on voit à droite un Pâtre monté ſur un mulet, qui agace un chien avec une baguette ; la gauche eſt occupée par une femme qui tient un panier ſur ſa hanche , tandis qu'une vache derriere elle boit dans une grande cuve : une autre vache , deux moutons & un bélier

enrichiſſent encore cette compoſition que Berchem a gravée lui-même pour le titre de quatre ſujets de même grandeur. Ce deſſin doit être regardé comme une de ſes meilleures productions. Hauteur 13 pouces 6 lignes , largeur 17 pouces 6 lignes.

LOUIS BACKHUISEN.

150 Deux vues de mer ; l'une offre ſur les premiers plans trois matelots , l'un roule une barrique à terre ; ſur la gauche un rocher s'éleve au milieu des eaux ; l'autre repréſente une barque avec des pêcheurs , & ſur la gauche un grouppe de cinq figures au bord de la mer ; une grande étendue d'eau ſe perd dans l'horiſon. Ces deux jolies deſſins ſont lavés à l'encre de la Chine ſur papier blanc. Hauteur 8 pouces 6 lignes, largeur 6 pouces 6 lig.

A. WATERLOO.

151 Un beau Payſage , dont la droite eſt occupée par un chein à la ſortie d'un bois, & la gauche par des villages dans un ſite entrecoupé de rivieres. Ce deſſin de la plus grande vérité eſt à la pierre noire & à l'encre de la Chine ſur papier blanc. Hauteur 25 pouces, largeur 23 pouces.

VANDER DOES.

152 Un beau Payſage , dont la gauche eſt ornée de beſtiaux que l'on voit en repos , & près d'eux un âne chargé ; plus loin une femme & deux enfans vont puiſer de l'eau à une fontaine : ce deſſin ca-

DESSINS.

pital eſt au biſtre & à l'encre de la Chine ſur papier blanc. Hauteur 16 pouces , largeur 21 pou.

G. DEHEUS.

153 Deux Deſſins repréſentant des intérieurs de forêt ;
l'un offre des baigneuſes dans une partie d'eau formée par des ſources ; l'autre repréſente des bai-
gneurs : ces deux deſſins d'un bon effet & très-fins,
ſont au biſtre ſur papier blanc. Hauteur 11 pouces , largeur 15 pouces.

V. WORST.

154 Les ruines de pluſieurs Monumens & Fabriques
d'Italie au milieu d'un grand chemin , où l'on voit
deux hommes qui conduiſent des beſtiaux & un
mulet : ce beau deſſin eſt lavé à l'encre de la
Chine ſur papier blanc. Hauteur 12 pouces , largeur 18 pouces.

J. G. WAGNER.

155 Deux jolis Payſages ornés de Fabriques ; dans
l'un on voit ſur la droite un cheval attelé à une
charrette , un homme ſuit derriere ; l'autre offre
ſur les premiers plans un homme monté ſur un
âne accompagné d'une femme à pied : ces deux
gouazzes précieuſement peintes ſont encore enrichies de maſſes de payſages & de montagnes.

PAR LE MÊME.

156 Un Payſage ouvert où l'on voit ſur le devant

un Pâtre conduifant deux vaches , & dans l'éloignement une grande étendue de payfages. Hauteur
6 pouces , largeur 8 pouces.

PAR LE MÊME.

157 Un Payfage d'un fite montagneux ; fur le devant
un Pâtre qui conduit quatre différents beftiaux.
Hauteur 5 pouces 3 lignes , largeur 5 pouces 6
lignes.

PAR LE MÊME.

158 Un Payfage d'un fite pittorefque ; on y voit des
chaumieres : cette gouazze eft dans le ftyle de C.
Everdingen. Hauteur 4 pouces 9 lignes , largeur
6 pouces.

LINDER.

159 Deux Deffins coloriés repréfentant des vues de
Hollande ; l'une offre un grand canal chargé de
divers bâtiments près d'une maifon qui eft domi-
née par une montagne ; l'autre repréfente un canal
glacé où l'on voit dix-fept figures , dont plufieurs
patinent : la vérité & la fineffe de ces deffins ne
laiffent rien à défirer. Hauteur 10 pouces, largeur
13 pouces.

A. ZINGG.

160 Deux Payfages , vues de Suiffe enrichies de quelques figures ; ils font lavés à l'encre de la Chine
fur papier blanc. Hauteur 8 pouces 6 lignes , largeur 10 pouces.

DESSINS.

A. SCHOUMAN. 1747.

161 Deux gouazzes ; l'une repréfente un catakoës, un perroquet, & un canard ; l'autre offre des faifans & des dindes ; les fonds font ornés d'architecture. Hauteur 10 pouces 6 lignes , largeur 9 pouces.

B. A. DUNKER. 1770.

162 Deux Payfages ornés de ruines , de Fabriques & de monuments : deffins lavés à l'aquarelle fur papier blanc ; on y remarque beaucoup de vérité & de goût. Hauteur 12 pouces 6 lignes , largeur 17 pouces.

Ph. HAKKERT.

163 Deux vues d'Italie peintes à gouazze ; l'une prife de Viecci , offre des fabriques près d'un pont de deux arches ; des maffes d'arbres & de hautes montagnes enrichiffent encore cette compofition ; l'autre offre la vue d'un chemin à Soriento ; des fabriques ornent les différents plans de la campagne qui s'étend au loin & fe perd dans la vapeur : ces gouazzes font diftinguées par une touche brillante & facile , & une grande fermeté de ton. Hauteur 11 pouces 6 lignes , largeur 16 pouces 6 lignes.

HACKERT.

164 Deux petites Gouazzes ; l'une offre fur le devant un homme & une femme qui conduifent un âne & deux chèvres ; l'autre repréfente un troupeau

qui traverfe une petite riviere auprès d'une ruine. Hauteur 8 pouces & demi, largeur 10 pouces.

GESSNER.

165 Un Payfage d'un ftyle noble & févere , dans le genre du Gafpre, le fite entrecoupé de rivieres eft orné de monumens. On y compte cinq figures fur différens plans. Le jour , diftribué d'une maniere neuve & piquante, produit les effets les plus agréables. Ce deffin, à l'encre de la chine, eft rehauffé de blanc. Hauteur 16 pouces , largeur 21 p.

Mademoifelle RIDDERSBOSCH, 1780.

166 Un Deffin à la plume, dans la maniere de l'eftampe, repréfentant le lever d'une femme, d'après le tableau de Watteau qui étoit chez le Baron de Tiers Mentenat en Ruffie. Hauteur 15 pouces & demi, largeur 12 pouces & demi.

PAR LA MÊME.

167 L'Adoration des Bergers, compofition de douze figures , d'après Dietrich. L'on ne peut pouffer l'imitation à un point plus parfait , & l'illufion eft complette. Ce Deffin, ainfi que le précédent qui eft de la même grandeur, offrent le plus précieux fini.

MINIATURE.

168 Deux Pots de terre avec des fleurs ; dans l'un font des capucines , dans l'autre de giroflées ; une caraffe

à demi pleine d'eau, fe voit encore fur une table de marbre qui les foutient. Hauteur 22 pouces, largeur 20 pouces.

MICHEL CORNEILLE.

169 Deux Deffins à la plume & au biftre, rehauffés de blanc, fur papier gris ; l'un repréfente le Retour d'Apollon chez Thétis ; l'autre eft une copie du bain des Nymphes de Diane, d'après *l'Albane*. Hauteur 15 pouces, largeur 19 pouces & demi.

EDME BOUCHARDON.

170 Sainte Thérèfe, d'après le portrait original envoyé d'Efpagne à la Reine de France. Cette Sainte eft vue en bufte les deux mains jointes. Ce Deffin précieufement terminé, eft à la fanguine fur papier blanc. Hauteur 7 pouces & demi, largeur 5 pouc.

PAR LE MÊME.

171 Un Génie vu debout les bras croifés ; dans le fond, une lyre, un thyrfe & un flambeau paroiffent des attributs variés de la Poëfie ; contr'épreuve de forme ovale. Hauteur 9 pouces & demi, largeur 8 pouces.

PAR LE MÊME.

172 Deux Études des figures de la Fontaine de Grenelle ; Deffins à la fanguine fur papier blanc. Hauteur 23 pouces, largeur 17 pouces.

PAR LE MÊME.

173 Un grouppe de deux figures dont une debout

& l'autre couchée ; Deſſin à la ſanguine ſur papier blanc. Hauteur 23 pouces , largeur 18 pouces.

PAR LE MÊME.

174 Une Étude d'homme aſſis , appuyé de la main ſur un bâton. Hauteur 27 pouces , largeur 17 pouc.

PAR LE MÊME.

175 Une Étude d'homme aſſis , & tirant une corde. Hauteur 18 pouces , largeur 23 pouces.

F. BOUCHER.

176 Cinq Deſſins à la plume & aux crayons rouge & noir , de différentes grandeurs , qui feront détaillés.

CHARLES EISEN.

177 Deux ſujets allégoriques ; l'un ſur la Peinture , l'autre ſur la Poëſie : ces deux Deſſins capitaux ſont pleins de chaleur , & ont beaucoup de mérite , ils ſont aux crayons noir & blanc ſur papier bleu. Hauteur 23 pouces , largeur 19 pouces.

J. B. LE PRINCE.

178 Une Bergere endormie qu'un jeune Berger enchaîne de guirlandes de fleurs , tandis qu'un autre emporte ſon panier , ſa houlette & ſon agneau , malgré les aboiemens du chien ; pluſieurs moutons ſont grouppés auprès d'elle. Ce Deſſin capital eſt lavé à l'encre de la Chine ſur papier blanc. Haut. 18 pouc. & demi , larg. 24 pouc.

PAR LE MÊME.

179 Deux Deſſins, ſujets de Comédie. L'un eſt compoſé de trois figures, la principale joue de la mandoline ; l'autre offre le même nombre de figures, & auſſi un jeune homme jouant de la mandoline, une jeune femme le couronne, un homme vêtu en Caſſandre prête l'oreille, des ſacs d'argent ſont à ſes pieds. Ces deux Deſſins à l'encre de la Chine ſur papier blanc, ſont agréables & d'un bon effet. Hauteur 16 pouces, largeur 14 pouces.

PAR LE MÊME.

180 Un Payſage. Les premiers plans offrent un grand chemin. Vers le milieu, un homme & une femme ſont endormis au pied d'un grouppe de grands arbres ; à gauche, un pâtre, vu en plan coupé, conduit un troupeau de beſtiaux. Ce Deſſin au biſtre ſur papier blanc, eſt plein de goût & d'effet. Hauteur 20 pouces, largeur 15 pouces.

PAR LE MÊME.

181 Une Baraque de payſan ſur le bord d'une riviere où l'on voit dans une barque trois pêcheurs ; Deſſin lavé de biſtre ſur papier blanc. Hauteur 11 pouces, largeur 8 pouces.

PÉRIGNON.

182 Deux jolies Gouazzes ; l'une repréſente l'entrée de la ville de Dort, l'autre eſt une vue des gla-

•iers de la Suiſſe. Hauteur 6 pouces & demi,
largeur 9 pouces & demi.

P A R   L E   M Ê M E.

183 Une Vue de Hollande priſe des environs de
Rotterdam. Hauteur 6 pouces, largeur 9 pouces.

P A R   L E   M Ê M E.

184 Deux jolis Deſſins légérement coloriés, repréſentant des vues de riviere & fabrique d'un genre
piquant. Hauteur 9 pouces, largeur 11 pouces &
demi.

M. T A R A V A L, 1776.

185 Une Nymphe au milieu d'un bois; elle porte
la main droite ſur ſon viſage, tandis qu'elle tient
des fleurs de la gauche. Ce Deſſin a beaucoup de
grace & de vérité. Hauteur 19 pouces, largeur
24 pouces.

L A   R U E.

186 Un Deſſin d'une grande compoſition, à la plume
& au biſtre, rehauſſé de blanc, repréſentant un
champ de bataille ; les devans préſentent des
attaques de cavalerie, dont le principal grouppe
offre un choc de trois cavaliers cuiraſſés. Ce
Deſſin terminé, & d'un effet piquant, eſt un des
plus capitaux de ce Maître. Hauteur 8 pouces,
largeur 18 pouces.

M. P I E R R E.

187 Une Etude de femmes au paſtel; elle eſt vue

de trois quarts un peu penchée , une feuille de
vigne eſt paſſée dans ſes cheveux : Ce deſſin eſt
ſur papier bleu. Hauteur 16 pouces 6 lignes , largeur 13 pouces.

PAR LE MÊME.

188 La Vierge & l'Enfant-Jéſus endormi gardé par
un ange , des chérubins qui les environnent jouent
enſemble : deſſin au biſtre ſur papier blanc. Hauteur 15 pouces , largeur 11 pouces 6 lignes.

PAR LE MÊME.

189 Ruth & Booz , compoſition de quatre figures :
deſſin lavé d'un biſtre rougeâtre ſur papier blanc.
Hauteur 12 pouces , largeur 16 pouces.

PAR LE MÊME.

190 Deux Etudes de femmes nues ; l'une eſt debout ,
l'autre eſt aſſiſe : deſſin aux crayons noir & blanc
ſur papier gris. Hauteur 20 pouces , largeur 17
pouces.

M. LAGRENÉE , l'aîné.

191 Deux Deſſins à l'encre de la Chine ſur papier
blanc ; l'un repréſente le Jugement de Pâris ,
compoſition de cinq figures au biſtre ſur papier
blanc ; l'autre eſt la Fécondité caractériſée par une
femme environnée d'enfans. Hauteur 15 pouces 6
lignes , largeur 18 pouces 6 lignes.

PAR LE MÊME.

192 Diane ſurpriſe au bain par Actéon , compoſition

tion de cinq figures : deſſin capital & très-terminé, lavé à l'encre de la Chine ſur papier blanc. Hauteur 18 pouces, largeur 24 pouces.

P A R   L E   M Ê M E.

193 Vénus qui allaite l'amour, l'on voit Mars à ſes côtés : deſſin lavé à l'encre de la Chine ſur papier blanc. Hauteur 15 pouces, largeur 11 pouces 6 lignes.

P A R   L É   M Ê M E.

194 Deux Deſſins au crayon rouge ſur papier blanc ; repréſentant l'un une étude d'homme à genoux, & l'autre une étude de femme aſſiſe. Hauteur 25 pouces, largeur 16 pouces.

M. L A G R E N É É, le jeune.

195 L'Apothéoſe de Pſyché ; on voit les Dieux aſſemblés dans l'Olympe, & Pſyché qui s'avance vers Jupiter. Cette compoſition de onze figures eſt deſſinée au biſtre & à l'encre de la Chine rehauſſée de blanc ſur papier gris. Haut. 19 pouc. 6 lignes, larg. 22 pouces.

P A R   L E   M Ê M E.

196 Deux Deſſins au biſtre ſur papier blanc ; l'un repréſente Vénus qui reçoit la pomme des mains de Pâris ; compoſition de quatre figures. L'autre repréſente Titon & l'Aurore. Ces deux deſſins ſont faits avec eſprit. Hauteur 20 pouces, largeur 15 pouces.

C

DESSINS.

PAR LE MÊME.

197 Une Caravanne dans le genre de Benedette, compofée de douze figures & d'animaux ; deffin au biftre rehauffé de blanc fur papier gris. Hauteur 19 pouces 6 lignes, largeur 21 pouces 6 lignes.

PAR LE MÊME.

198 Le Sacrifice de Jephté , compofition de fept figures deffinée à la plume , lavée de biftre & rehauffée de blanc. Hauteur 12 pouces , largeur 15 pouces.

M. VERNET.

199 La vue d'une grande Riviere à fon embouchure, offrant un port défendu par des rochers élevés , au bas defquels s'élevent une tour quarrée & des murs de fortifications ; fur le devant on voit un pêcheur affis & une femme debout ; à gauche des arbres , des pêcheurs , & un vaiffeau à la voile enrichiffent différents plans. Ce beau deffin eft à la pierre noire & à l'encre de la Chine fur papier blanc. Hauteur 13 pouces , largeur 18 pou.

PAR LE MÊME.

200 Deux Deffins ; l'un offre dans un payfage un arbre élevé & touffu près d'une riviere, au bord de laquelle un pêcheur retire un poiffon pris à fa ligne ; l'autre repréfente auffi une campagne arrofée d'une riviere , un batelier amene à terre fon bateau , une femme de bout vue par le dos,

tient une grande ligne & un panier ; la gauche
offre des rochers élevés couronnés de bâtiments ,
& le lointain, un vaisseau en pleine mer : ce dessin,
comme le précédent, est à la pierre noire & à l'encre
de la Chine sur papier blanc. Haut. 13 pouc. 6 lig.
largeur 8 pouces 6 lignes.

M. R O B E R T.

201 Deux beaux Dessins ; l'un offre le dessous d'un
Péristile orné de colonnes & de grands escaliers
que montent & descendent diverses personnes ;
& plusieurs bestiaux dans le milieu d'une piece
d'eau ; un palais, d'une belle ordonnance, s'éleve
sur un plan éloigné & termine la vue ; l'autre
représente sur une élévation le temple de Faustine,
& à gauche un grand arbre , nombre de figures
de femmes très-agréables & bien grouppées enri-
chissent ce dessin , qui, ainsi que le précédent, est
à l'encre de la Chine sur papier blanc. Hauteur
16 pouces 6 lignes , largeur 22 pouces.

P A R L E M Ê M E.

202 Un Dessin historique & singulier richement com-
posé , orné de beaucoup de figures & d'accessoires
pittoresques. Hauteur 16 pouces , largeur 14 pou.
6 lignes.

P A R L E M Ê M E.

203 L'intérieur d'un appartement , où l'on voit une

femme affife qui fait repeter la leçon à une petite fille. Hauteur 10 pouces 6 lignes, largeur 13 pou. 6 lignes.

PAR LE MÊME. 1774.

204 L'intérieur d'une voute fouteraine ou defcend un grand efcalier ; l'on y voit une jeune fille affife parlant à un enfant, & un homme appuyé fur un tonneau : deffin de forme ovale. Hauteur 12 pouc. largeur 10 pouces.

PAR LE MÊME.

205 Une Femme affife dans l'intérieur de fon appartement, & qui apprend à lire à fa petite fille : ce deffin eft de forme ronde. Diamètre 9 pouces.

PAR LE MÊME.

206 Deux deffins ; l'un repréfentant le *Benedicite*, compofition de quatre figures ; dans l'autre on voit des muficiens ambulants, compofition de cinq figures. Ces deux deffins ainfi que les précédents, font légérement coloriés & de l'effet le plus piquant. Hauteur 20 pouces, largeur 8 pouces.

PAR LE MÊME.

207 Deux Deffins à la fanguine fur papier blanc ; l'un eft la vue d'un temple de Pœftum ; l'autre eft celle de la *ville* Paufilippe près de Naples : ces jolis deffins font ornés de figures. Hauteur 19 pouces, largeur 22 pouces.

PAR LE MÊME.

208 Les ruines de l'*Hôtel-Dieu* de Paris , après l'incendie qu'il a fubi le 30 Décembre 1772. Hauteur
10 pouces , largeur 8 pouces.

M. LOUTHERBOURG.

209 Des Rochers , au pied defquels on voit trois fol-
dats en repos : ce deffin dans le ftyle de Salvator-
Rofa , eft lavé au biftre fur papier rougeâtre &
rehauffé de blanc. Hauteur 18 pouces 6 lignes ,
largeur 14 pouces.

M. G. VAN. SPAENDONCK.

210 Deux Etudes de fleurs coloriées fur papier blanc ;
l'un repréfente une branche de rofes , & l'autre
une branche de rofes trémieres. Hauteur 16 pouces , largeur 12 pouces.

M. FRAGONARD.

211 Un Payfage offrant les intérieurs d'un jardin ,
dans le genre de ceux de la *ville* d'Eft , près de
Tivoli , compofition riche , d'une touche & d'un
effet très-piquant ; deffin au biftre fur papier blanc.
Hauteur 18 pouces , largeur 21 pouces.

PAR LE MÊME.

212 La Vue d'un village fitué au bord d'une riviere ,
compofition dans le ftyle d'Hobéma , deffinée au
biftre fur papier blanc , de même grandeur que le
deffin précédent.

C iij

P A R L E M Ê M E.

213 Deux Deffins au biftre fur papier blanc ; l'un
offre au bord de la mer un rivage formé de rochers
élevés, couronnés de fortifications ; on y diftingue
un fanal fur une tour. L'autre repréfente les remparts
d'une ville, & dans le milieu une tour ronde &
d'autres fabriques. Ces Deffins font diftingués par
le goût & la fineffe de la touche. Hauteur 11 pouces, largeur 14 pouces.

P A R L E M Ê M E.

214 Un Deffin au biftre fur papier blanc, compofition
de trois figures, repréfentant une jeune fille qui fe
défend de deux jeunes garçons. Il vient de la
vente de M. Morel, n°. 375 de fon Catalogue.
Hauteur 16 pouces, largeur 20 pouces & demi.

M. H O U E L.

215 Deux Gouazzes repréfentant des chûtes d'eau à
travers des rochers ; l'un eft la cafcade de Tivoli.
Ces deux morceaux intéreffans par leur fite & le
mérite de leur exécution, font honneur au goût
& au talent de cet Artifte. Hauteur 28 pouces,
largeur 21 pouces.

P A R L E M Ê M E.

216 La Vue d'une Voûte antique, dont le pied eft
baigné par des fources ; l'ouverture laiffe une échap-
pée de vue dans une campagne riante, où l'on voit
une femme gardant des moutons qui boivent à une

fontaine où deux autres femmes viennent puifer de l'eau. Hauteur 16 pouces, largeur 21 pouces.

M. TAUNAY.

217 Un Payfage frais & agréable, où l'on voit plufieurs hommes & femmes; on en remarque une
qui fe balance à l'efcarpolette; des maffes d'arbres
dans une campagne arrofée en tous fens de ruiffeaux,
terminent cette jolie gouazze. Hauteur 9 pouces &
demi, largeur 11 pouces & demi.

PAR LE MÊME.

218 Deux jolis pendans; l'un offre fur le devant un
cavalier monté fur un cheval blanc, dans l'éloignement, des fabriques, un pont; & dans le lointain, partie d'une ville. L'autre repréfente un Pâtre qui conduit un troupeau de divers beftiaux fur
une éminence. Tout le monde connoît la fineffe de
ton & la touche fpirituelle qui diftinguent les ouvrages de cet Artifte. Hauteur 3 pouces & demi,
largeur 8 pouces & demi.

M. JULIEN, de Touloufe.

219 Une jeune Veftale au temple, qui paffe par l'é-
preuve du tamis en préfence d'un grand Prêtre &
d'autres affiftans. Cette compofition de dix-fept
figures, eft deffinée au biftre, rehauffée de gris
fur papier blanc. Hauteur 16 pouces & demi, largeur 21 pouces & demi.

M. NIVARD, 1781.

220 Un Payfage enrichi de bâtimens & fabriques, fur le devant defquels eft un moulin à eau, fitué fur une riviere où l'on voit fur la gauche des femmes qui lavent & d'autres qui étendent du linge : les fonds offrent des maffes d'arbres & des parties de terrein élevé. Un fini précieux & une grande vérité de ton rendent ce morceau très-capital. Hauteur 17 pouces & demi, largeur 23 pouces & demi.

M. MOREAU, Graveur.

221 La Vue du Cortége du Sacre de Louis Seize, au moment de fon arrivée aux portes de l'Églife de Saint-Remy à Rheims. Ce Deffin fait fur le lieu, eft d'une compofition pleine de vérité & d'effet. Il feroit difficile de toucher avec plus de fentiment & d'efprit. Deffin au biftre rehauffé de blanc fur papier gris de Rome. Hauteur 14 pouces & demi, largeur 28 pouces.

PAR LE MÊME.

222 Herminie fous les armes de Clorinde racontant fes aventures au vieillard qu'elle rencontre occupé à treffer un panier de jonc ; compofition de cinq figures. Deffin lavé à l'encre de la Chine fur papier blanc. Hauteur 13 pouces & demi, largeur 16 pouces & demi.

PAR LE MÊME.

223 Loth & fes Filles ; le fond offre la ville de So-

dôme en proie aux flammes. Ce Deſſin, bien
compoſé, eſt de l'effet le plus piquant ; il eſt lavé
au biſtre ſur papier blanc. Hauteur 8 pouces &
demi, largeur 11 pouces & demi.

PAR LE MÊME.

224 Un Repos de la ſainte Famille en Egypte ; l'on
voit un Ange qui allume du feu au pied d'une
pyramide : cette compoſition neuve & piquante
doit honorer le génie de ſon Auteur. Ce Deſſin
eſt de même grandeur que le précédent.

M. LAVRINCE.

225 Une Gouache, compoſition de ſix figures, repréſentant un concert ſur le devant d'un jardin ;
on y remarque deux enfans qui jouent avec un
chien. Cette compoſition agréable eſt d'un ton
harmonieux, & d'une touche fine & tranſpa-
rente. Hauteur 19 pouces & demi, largeur 13
pouces.

J. B. COSTE.

226 Deux Deſſins coloriés repréſentant des payſages
où l'on voit différens monumens de l'Italie, dont
pluſieurs du Campo Vaccino. L'autre offre parmi
de grands édifices l'Arc de Septime Sévere. Hauteur 20 pouces, largeur 26 pouces.

J. PILLEMENT.

227 Des voûtes de rochers percés, qui en laiſſent

voir d'autres efcarpés & joints par un pont de bois léger, où l'on voit des beftiaux conduits par des pâtres. Ce Deffin à l'eftompe & à la pierre noire fur papier blanc, eft pouffé au plus grand effet. Hauteur 13 pouces & demi, largeur 20 pouces.

M. DESFRICHES.

228 Deux Payfages avec figures, enrichis de fabriques & rivieres. Ces Deffins font à la pierre noire fur papier blanc. Hauteur 8 pouces & demi, largeur 10 pouces.

M. MOREAU le jeune, 1777.

229 La Vue des ruines d'une ville ; on y voit les reftes d'une porte d'architecture gothique, ceux d'un pont, & des fragmens de fortifications fur lefquels font quelques figures. Ce Deffin vrai & touché avec goût, eft au biftre rehauffé de blanc fur papier bleu. Hauteur 13 pouces & demi, largeur 16 pouces & demi.

A. DAVID.

230 Deux grands Payfages ; l'un repréfente un grand chemin dans un bois, l'autre eft dans le ftyle de Salvator Rofa. Ces Deffins font à la plume, & lavés à l'encre de la Chine & de biftre fur papier blanc. Hauteur 24 pouces, largeur 19 pouces.

D'UN INCONNU.

231 Neuf petites Gouazzes fous le même cadre d'a

près Pérignon, Houel, Wagner & autres. Haut.
11 pouces, largeur 14 pouces.

Par différens Maîtres.

232 Six Deſſins par Carefme, Pérignon, Schouman,
&c. qui feront divifés.

DESSINS EN FEUILLES
DES TROIS ÉCOLES.

SALVATOR-ROSA & F. BOUCHER.

233 Deux deſſins à la plume fur papier blanc ; l'un
repréſente un payfage dont les premiers plans
offrent au pied d'un rocher efcarpé un chemin qui
conduit au bord d'une riviere : un pêcheur y deſcend, on voit une barque à bord du rivage ; les
fonds font formés par une campagne bornée au
loin par des montagnes. Hauteur 11 pouces, largeur 7 pouces 6 lignes. L'autre par F. Boucher,
repréfente une jeune payfanne affife & trois enfans
couchés, elle en tient un dans fes bras : ce deſſin
à beaucoup de grace & d'expreffion. Hauteur 6
pouces 6 lignes, largeur 5 pouces 6 lignes.

PALMIERI.

234 Deux Deſſins à la plume fur papier blanc, repréfentant l'un un guerrier à génoux le regard élevé

vers le ciel ; l'autre un pere de l'Eglife porté fur
des nuages & dans la même attitude.

P. P. R U B E N S.

235 Un Sujet allégorique à la recherche des monumens antiques, au bas eft écrit ce paragraphe *quod
tempus conficit virtus reficit* : deffin au crayon noir
lavé de biftre & rehauffé de blanc fur papier
roux.

C. G. E R N E S T D I E T R I C H.

236 Deux Payfages, vues prifes des montagnes de la
Suiffe ; des pieces d'eau, de belles fabriques dans
les lointains ornent les différents plans de ces deffins, dont la touche précieufe & fpirituelle eft de
la plus grande facilité ; ils font à la pierre noire
lavés de biftre fur papier blanc.

H A K K E R T.

237 Deux Payfages à la plume lavés de biftre fur
papier blanc, repréfentant des vues de la Suiffe ;
des pieces d'eau, des fabriques d'un genre pittorefque en ornent les différents plans où l'on voit
encore quelques figures.

P A R L E M Ê M E.

238 Deux Etudes de grands arbres avec des lointains ; les devants font ornés de figures : ces def-

ſins ſont à la plume lavés de biſtre ſur papier blanc.

H. SCHOOTEN.

239 Une vue de Hollande priſe de l'intérieur de la ville de Leyde un jour de foire ; cette vue enrichie de petites figures eſt deſſinée à la plume & coloriée ; elle joint au mérite de l'exactitude, beaucoup de fineſſe dans l'exécution. Hauteur 9 pouces, largeur 12 pouces.

A. DIEU.

240 Huit deſſins en trois feuilles, quatre à l'encre lavés de biſtre ; les quatre autres lavés à l'encre de la Chine : ſujets du nouveau teſtament.

RAYMOND DE LA FAGE.

241 Huit Deſſins repréſentant divers ſujets hiſtoriques & des bacchanales ; on remarque la mort de Laocoon étouffé par les ſerpens, le ſujet d'Agar, &c. ; deſſins à la plume lavés d'encre de la Chine, d'autres de biſtre.

HYACINTE RIGAUD.

242 Deux Deſſins à la pierre noire relevée de blanc, repréſentant des Maréchaux de France, vus en pied juſqu'aux genoux & dans le coſtume militaire ; c'eſt d'après ces deſſins que l'on gravoit les tableaux de ce Peintre.

J. B. OUDRI.

243 Un Cerf aux abois environné de sept chiens, les fonds indiquent une forêt, de grands arbres ornent les devants : deſſin à la plume lavé de biſtre ſur papier blanc. Hauteur 19 pouces, largeur 12 pouces.

LARUE.

244 Deux Deſſins, l'un de Larue Sculpteur, repréſente des jeux d'enfans autour d'une ſtatue de Pan ; l'autre repréſente la ſépulture de Jéſus-Chriſt, par Larue le Peintre : ces deux deſſins ſont à l'encre de la Chine lavée de biſtre ſur papier blanc.

DIFFÉRENTS MAITRES.

245 Copie d'une Statue antique, deſſin au crayon rouge ſur papier blanc, par Sally ; l'étude d'un fleuve & d'une nayade, par Ch. Natoire, deſſins aux crayons noir & blanc ſur papier gris, & une étude de femme, par M. Lagrenée l'aîné.

LE PRINCE.

246 Un payſage avec figures & animaux au bord d'une riviere traverſée d'un pont.

PAR LE MÊME.

247 L'Étude de deux Vaches dans un payſage : deſſin au crayon noir lavé de biſtre.

PAR LE MÊME.

248 Deux Payfages ornés de figures : deffins à la
plume lavés de biftre.

PAR LE MÊME.

249 Deux Deffins à la plume ; l'un eft une fête de
village lavé à l'encre de la Chine ; l'autre repréfente une jeune Canéphore : deffin colorié.

J. B. LALLEMAND.

250 Deux Deffins à la plume lavés à l'encre de la
Chine ; repréfentants des ports de mer ornés de
figures , de chaloupes & de fabriques.

M. PIERRE

251 Deux Deffins à l'encre de la Chine relevés au
biftre ; l'un repréfente Saint Jean dans le défert
donnant le baptême , & l'autre Thefée lévant la
pierre où font les armes de fon pere , fa mere les
lui indique ; elle eft fuivie d'une troupe de fol-
dats.

PAR LE MÊME.

252 Quatre Deffins ; l'un à la pierre noire lavé
de biftre brun , repréfente Sufanne furprife au
bain ; deux autres au crayon noir & lavés de
biftre repréfentent des facrifices ; le quatrieme repréfente deux jeunes enfans qu'une femme amene
auprès d'une autre , trois autres figures font auprès :
ces deffins font faits facilement & avec goût.

PAR LE MÊME.

253 Sept Etudes d'hommes & de femmes : deffins au crayon rouge fur papier blanc, & au crayon noir & blanc fur papier gris.

M. LAGRENÉE l'aîné.

254 Deux Deffins ; l'un au crayon noir relevé de blanc, fur papier blanc, repréfente le Repos de la Sainte-Famille en Égypte, compofé de trois figures ; l'autre eft le Retour d'Apollon chez Thétis, compofition riche & agréable de douze figures, deffin lavé de biftre & rehauffé de blanc, fur papier roux.

PAR LE MÊME.

255 Six Études d'Homme & de Femme, deffins au crayon rouge fur papier blanc, & au crayon noir fur papier gris.

LAGRENÉE le jeune.

256 Deux Deffins lavés de biftre, l'un repréfente Rémus & Romulus trouvés par les bergers, compofition de huit figures : on y remarque deux femmes. L'autre offre un jeune homme qui s'approche d'une jeune femme qui tient un enfant, un troupeau de vaches & de moutons eft auprès d'eux. Ces Deffins, compofés avec goût, ont une touche facile.

M. ROBERT.

257 Deux Deffins à la plume & coloriés ; l'un repréfente

préfente l'Arc de Drufus, aupres duquel on voit
plufieurs figures ; l'autre offre l'Intérieur d'un
Monument antique , où l'on voit des fragmens **de**
ftatues. Plufieurs grouppes de figures ornent ce
joli Deffin.

P A R   L E   M Ê M E.

258 Un Deffin à l'encre relevé de biftre, repréfentant l'Adoration des Bergers, compofition de
douze figures, la crèche eft formée d'un Monument antique qui offre une galerie en voûte à perte
de vue.

P A R   L E   M Ê M E.

259 Quatre Deffins au crayon rouge, repréfentant
des Monumens de Rome & des Payfages, l'un
defquels eft dans le genre de Boucher. Ces Deffins
font diftingués par une touche libre & fpirituelle.

P A R   L E   M Ê M E.

260 Deux Deffins à la plume & coloriés, faifant
pendans, repréfentant des Payfages ornés chacun
de deux figures, l'un offre l'Éclufe d'un Moulin.

P A R   L E   M Ê M E.

261 Deux Deffins à la plume coloriés ; l'un offre
des Laveufes au bord d'une riviere dans un payfage, l'autre repréfente deux jeunes Filles auprès
d'un puits formé des reftes d'un tombeau antique
entre deux colonnes ; le fond eft un Payfage.

D

P A R   L E   M Ê M E.

262 Deux Deffins à la plume; l'un eft lavé de
biftre, & repréfente les Ruines de l'Hôtel-Dieu de
Paris, après l'incendie de 1773, l'autre colorié
offre celles d'un Temple de Peftum. Ces deux
Deffins ornés de figures font très-pittorefques.

P A R   L E   M E M E.

263 Deux Deffins à la plume coloriés; l'un offre
des Ruines de Monumens, l'autre eft une Vue des
environs de Gênes. Ces Deffins foignés font touchés agréablement.

J. B. H U E T.

264 Deux Payfages peints à gouazze; l'un offre des
beftiaux dans un chemin au bord d'un torrent tra-
verfé d'un pont qui mene à des fabriques; l'autre
reprefente à droite une ferme au bord d'une riviere
que des beftiaux traverfent, conduits par une jeune
fille montée fur un mulet. Ces Payfages font frais
& très-agréables.

P A R   L E   M Ê M E.

265 Deux Payfages où l'on voit fur le devant un
troupeau de beftiaux en repos & quelques figures,
deffins au crayon noir, lavé de biftre,

M. M O R E A U, (Graveur)

266 La Mort d'Adonis, compofition de douze figures;

on voit Vénus qui se précipite de son char à la vue
d'Adonis. Ce Dessin, lavé de biftre & rehauffé de
blanc, offre un trait élégant.

M. F R A G O N A R D.

267 Trois Deffins au crayon rouge, fur papier blanc,
l'un eft une Vue d'Italie, l'autre eft l'intérieur d'un
jardin ; le troifieme eft un fite pris des environs
d'Étampes. Ces Deffins font touchés avec efprit.

P A R L E M Ê M E.

268 L'Éducation de la Sainte Vierge, par Sainte Anne;
on voit en haut un grouppe d'Anges. Deffin capital
d'un grand effet, lavé de biftre fur papier blanc.

P A R L E M Ê M E.

269 Un Deffin au biftre, fur papier blanc, compofé
de deux figures.

P A R L E M Ê M E.

270 Deux jolis Deffins d'une compofition agréable
& d'une touche fpirituelle ; l'une repréfente une
jeune Payfanne tenant un enfant dans fes bras; l'autre
un jeune Payfan. Ces deux Deffins font au biftre.

P A R L E M Ê M E.

271 Deux Deffins d'après des Tableaux du Calabrefe
qui font en Italie. Deffins lavés de biftre.

P A R L E M Ê M E.

272 Une Vue de la *ville* d'Eft en Italie; vue de l'in-

térieur des jardins qui font ornés de ftatues. Deffin
lavé de biftre.

P A R   L E   M Ê M E.

273 L'Adoration des Bergers, compofition de fept
figures. Ce deffin, d'une touche facile & pleine
d'efprit, eft au crayon lavé de biftre.

P A R   L E   M Ê M E.

274 Un Deffin au biftre fur papier blanc, compofé
de trois figures ; c'eft une jeune femme qui fait
affeoir fon enfant fur un dogue qu'un homme re-
tient par le mufeau. Ce deffin eft fait avec efprit.

M.   M O U C H E T.

275 Une jeune fille en chemife, affife fur un lit &
jouant avec un chat angora. Cette gouazze, de
forme ronde, eft connue par l'eftampe gravée par
Marcet & finie par Anfelin, fous le titre de la
Méprife. Hauteur 9 pouces, largeur 7 pouces.

P A R   D I F F É R E N S   M A I T R E S.

276 Deux Deffins à la plume, repréfentant l'un la
vue du Panthéon & de l'Églife Santa Maria à Rome ;
l'autre une vue du Véfuve. Ces deux deffins ont
appartenu au Roi Jacques, dit le Prétendant.

P A R   D I F F É R E N S   M A I T R E S.

277 Un Porte feuille contenant plufieurs deffins,
dont quelques-uns capitaux, & des eftampes, qui
feront divifées lors de la vente.

ESTAMPES MONTÉES.

278 Soixante-une Estampes montées, dont dix en maniere noire, gravées à Londres, *savoir*; Régulus
par B. West, *l'Académie* par Zoffany: divers Por-
traits & des Paysages ; la Tempête & les Baigneuses
de *Vernet*, par *Balechou* ; la Mort du Général
Wolf ; deux Paysages par Woollet ; la Descente de
Croix par Wostermans ; les Fêtes de Village de
Téniers ; les Œuvres de Miséricorde ; l'Enfant Pro-
digue , par le Bas ; le Marché aux herbes d'Amster-
dam & autres, par Wille, Strange, Aliamet, l'Em-
pereur, Desmarteau & autres habiles graveurs, qui
seront détaillées dans les vacations & vendues aux
commencemens.

TERRES cuites, Bronzes , Marbres ,
Agates , Porcelaines , Meubles précieux
de Boule & autres Objets.

CLODION.

279 Un Vase de terre cuite , de forme antique , avec
gorge à gaudron & anses à serpens. Il est enrichi
sur la panse d'un bas-relief représentant une danse
de femmes. Hauteur 14 pouces, diamètre 8 p.

PAR LE MÊME.

280 Deux Bas-reliefs en terre cuite ; l'un repréſente une femme qui trait une chèvre ; l'autre repréſente l'Amour couronné par une femme. Ces ſculptures, de forme ronde, ont 6 pouces 6 lignes de diamêtre.

FIGURES DE BRONZE.

281 Une Figure de Femme ailée, drappée dans le ſtyle antique, les bras en l'air, caractériſant la Fortune & poſant un pied ſur une boule d'albâtre, avec piédeſtal en marbre blanc, enrichi de panneaux à figures, buſtes & maſcarons en bronze doré. Ce Bronze, fait à Rome, eſt fort rare.

Idem.

282 Le Gladiateur, poſé ſur piédeſtal, fond noir, orné de quatre conſoles à figures, termes, de maſcarons & moulures. Hauteur 26 pouces, ſur 15 pouces de large.

Idem.

283 Un Enfant couché, endormi ſur un couſſin garni de ſocle à feuilles d'eau & bandeau breté, ſupporté par quatre gaînes à gaudron. Hauteur 9 pouces, ſur 22 pouces de long.

J. DE BOULOGNE.

284 Un Grouppe de deux Figures en bronze, repréſentant le Centaure Neſſus terraſſé par Hercule.

Cette compofition , d'un grand ftyle , offre un beau caractere & une grande nobleffe de deffin. Hauteur 13 pouces & demi , largeur 11 pouces. Le focle quarré eft en cuivre doré à panneau à frife d'ornement & feuilles d'eau. Hauteur 21 lignes, largeur 9 pouces.

L E G R O S.

284 *bis.* Pœtus & Aria , très-beau grouppe en bronze de 20 pouces de haut fur 15 de large , pofé fur un focle de cuivre doré avec gorge & entre-las.

M. B O I Z O T.

285 Un bas relief en bronze, repréfentant trois jeunes filles qui élevent la ftatue de l'Amour fur un piedeftal ; cette compofition d'un deffin élégant & correct eft des plus agréables. Hauteur 8 pouces 6 lignes , largeur 10 pouces.

B R O N Z E.

286 Deux Buftes de proportion naturelle ; l'un repréfentant la Vénus Médicis , l'autre le bufte d'un jeune homme ; tous deux terminés avec foin , & pofés fur des pieds en marbre. Hauteur 18 pouces.

Idem.

287 Deux Vafes d'une forme agréable & de bon genre , la gorge à cannelures , le corps en culot & larges rinceaux d'ornemens , fur piédouche à feuilles d'eau en couleur antique ; ils font enrichis de confoles à enroulement à larges rinceaux : le

focle bretté & autres ornemens dorés d'or mat. Hauteur 20 pouces.

Idem.

288 Deux Vafes de forme oblongue à anfes de ferpens, à cartouches & bas relief de jeux d'enfans, fur focle quarré à fleurons & bandeaux brettés dorés d'or mat, avec piédeftal en brocatelle d'Efpagne. Hauteur 14 pouces 6 lignes.

A G A T E.

289 Une-très belle Caffolette herbée, fond brunâtre de forme ovale ornée de boutons & rofaces, gorge à jour, à frifes d'ornemens, fupportée par quatre confoles arabefques à griffes de lion avec baluftres à ferpens, pied & avant corps à gaines fur piédeftal en brocatelle d'Efpagne, garni de focle à feuilles d'ornemens. Hauteur 9 pouces 6 lignes.

Idem.

290 Une Caffolette couverte fond rougeâtre, garnie de gorges à jour ouvragée, à anneaux & confoles à griffes d'aigle, avec culot & pied en triangle fur piédeftal, à pans en marbre noir. Hauteur 9 pouces 6 lignes.

Idem.

291 Une Caffolette ovale, couverte, garnie à mofaïque, à jour & fupportée par trois confoles en volute à griffes de lion, avec culot & baluftres,

sur socles d'albâtre avec boules. Hauteur 8 pouces 6 lignes.

Idem.

292 Deux Flambeaux d'Agate rubannée à balustre & cannelures torses, & socle à pans garnis de bobeches à feuilles d'eau, piédouche & socle à cannelures & ozier. Hauteur 9 pouces 4 lignes.

CRISTAL DE ROCHE

293 Un Lustre de cristal d'une belle eau, il est à huit branches garnies de grosses poires, & la carcasse est en cuivre doré. Hauteur 3 pieds 10 pouces, diamètre 2 pieds 6 pouces.

PORPHYRE ROUGE

294 Une belle Vasque avec rosaces en dedans; elle est posée sur un piédouche avec socle de belle forme & d'un beau poli : ce morceau capital porte 9 pouces de hauteur & a 17 pouces de diamètre.

Idem.

295 Un très-beau Vase de porphyre, couvert, forme de nacelle sur son piédouche, il est orné de deux petits Amours debout, tenant une couronne, avec attributs de musique & de sculpture; le pourtour à têtes de bélier & guirlandes de laurier, sur un riche piédestal à panneaux à rinceaux d'arabesques, & moulures à feuilles d'ornemens en bronze doré d'or mat. Hauteur 21 pouces sur 18 de largeur.

ALBATRE.

296 Deux Vases d'albâtre oriental rubané, parfaitement accidentés, forme de médicis ; l'intérieur évidé : ils sont posés sur piédouche & socle de marbre noir. Haut. 14 pouces, diamètre 10 pouces 6 lignes.

PIERRE DE TOUCHE.

297 Un Vase de pierre de touche en forme de cuve antique & couvert, garni de gorges à entrelas & rosettes ; d'anses quarrées terminés en consoles, & d'une grenade sur le couvercle servant de bouton. Ce morceau rare est porté sur un socle quarré à panneaux d'ornemens à la grecque, & moulures en bronze doré ; posé sur un second socle quarré plaqué de marbre Africain, avec encadrement de moulures en cuivre doré. Hauteur totale 12 pouces. Il vient des ventes de M. de Gagny, n°. 430 de son catalogue, & de M. le Ch. de Clêne, n°. 160, où il fût vendu 1022 liv.

JAUNE ANTIQUE.

298 Deux Coupes bien évidées & de belle forme sur piédouche. Hauteur 6 pouces, diamètre 12 pouces.

VERT D'ÉGYPTE

299 Un vase bien évidé forme d'ove tronquée ; avec couvercle à gaudron & pomme de pin ; le

devant enrichi de têtes d'Apollon & de chutes de draperies venant s'attacher sur les anses de forme quarrée, avec culot à feuilles d'achante & guirlande de laurier ; le tout en bronze doré d'or mat par *Gouttier*. Hauteur 14 pouces, largeur 8 pouces.

VERT CAMPAN ROUGE.

300 Deux Vases forme de médicis bien évidés. Hauteur 10 pouces, diamètre 7 pouces

PORCELAINE ANCIENNE DE PREMIERE QUALITÉ COLORIÉE.

301 Deux Cassolettes à dragons, branchages de fleurs & pomme de pin sur le couvercle ; la gorge & les cercles de bronze à entrelas & anneaux, posées sur un trepied à culot, cercles & pieds de bronze doré d'or mat, élevées sur des futs de granit couleur de rose, avec base à rubans & feuilles d'eau, aussi de bronze doré.
Hauteur des futs 4 pouces. Ces deux morceaux curieux viennent de la vente de Madame la Duchesse Mazarin, n°. 37 où ils ont été vendues 1560 l. & depuis de celle de M. le Chevalier Lambert, n°. 247 de son catalogue vendus 1482.

Idem.

302 Un Vase rond, à dessins de riches ramages, fleurs & oiseaux ; sur le couvercle est un oiseau de

relief fur un trônc d'arbre , la gorge à jour , à rofaces & à branchages de myrthe à anneaux fur trépied à cul de lampe , & confoles à griffes de lion , & plinte à avant corps , d'où fort une flamme : le tout fur piédeftal en marbre cervelas. Hauteur totale 33 pouces.

Idem.

303 Un Cornet très-rare en ce genre , orné de gorge & pied ouvragés en bronze doré & à deffins de plantes & bouquets. Hauteur 16 pouces.

Idem.

304 Deux Flacons couverts , à quatre pans , à grouppe d'oifeaux , cygognes , arbuftes & fleurs , & à deffins verts & rouges fur le haut de la panfe , garnis de cercles & gorge à entrelacs , à jour & pied breté à griffes de lion. Hauteur 13 pouces.

Idem.

305 Deux Jattes à côtes , à bouquets & gerbes fur le pourtour & fleurs en dedans , fur pied breté à quatre confoles , à pieds de biche. Hauteur 6 pouces 6 lignes , diamètre 8 pouces 6 lignes.

PORCELAINES BLEU CÉLESTE D'ANCIEN LA CHINE.

306 Un Vafe à anfe , couvert , formant Buire , garni de gorge à gaudrons , mafcarons & confole à

rinceau, piédouche à gaudron & cannelures, dans
une jatte ovale à côtes, de sorte rare, aussi garnie
de cercles à consoles, à pied de biche. Hauteur 11
pouces 9 lignes.

Idem.

307 Deux Lions, de belle espece, fond uni, sur
socle violet; l'un avec chimeres & l'autre la patte
appuyée sur une boule, formant girandoles à deux
branches, d'où sort une tige de rose, avec pied
à feuilles d'ornemens, doré d'or mat. Hauteur 10
pouces.

Idem.

308 Deux Magots rieurs, portant deux cassolettes de
même genre, garnis de couvercles, gorge à jour,
branchages & pied en bronze doré. Hauteur 6
pouces.

Idem.

309 Un Chien assis, fond uni, de genre peu répété,
sur coussin à quatre glands dorés d'or mat. Hauteur
6 pouces 6 lignes.

ANCIEN CÉLADON.

310 Une belle Garniture, composée de cinq morceaux, savoir; deux Carpes, deux jolis Vases à
anses, pris dans la pâte, & un Fruit des Indes pour
morceau de milieu. Le tout monté dans le genre
chantourné, d'un beau fini & bien doré.

PORCELAINE BLEU TURC.

311 Deux très-beaux Vafes à panfe de lisbet, avec baguettes dorées, enrichis de gorge à jour, à lofanges ; les bords à gaudrons & moulures , les gorges & anfes à enroulemens, mafcarons & guirlandes, terminés par un focle à avant-corps, à panneaux brettés, moulures & tors de lauriers en bronze doré d'or mat. Hauteur 26 pouces , diamètre y compris la faillie des anfes , 24 pouces.

Idem.

312 Deux Vafes de même proportion & garniture que les précédens.

MARQUETERIE DE BOULE.

313 Un Cabinet fait par Boule, à riches deffins, en cuivre & étaim , première partie fur fond écaille, ouvrant à un battant à quatre tiroirs dans l'intérieur ; le devant enrichi d'un médaillon de Louis XIV, avec guirlande de lauriers, encadrement à plates-bandes & zéphirs , terminé par un rinceau à griffes de Lion & mafcarons ; les côtés à quatre tiroirs, aussi garnis de cadres ; l'entablement à feuilles d'or-

nemens : le tout fur pied à avant-corps très-orné, le deſſus en marbre de griotte. Hauteur 37 pouces, largeur 29 pouces, profondeur 16 pouces 6 lignes. Ce meuble & les ſuivans ſont intéreſſans par leur forme, la beauté de la marqueterie & le bon genre des ornemens.

Idem.

314 Un joli Bas d'Armoire, enrichi d'une porte à panneaux de marquetterie, accompagné de deux pilaſtres garnis de moulure & de maſque ſur les côtés. largeur 32 pouces.

Idem.

315 Deux autres enrichis ſur les portes de figures de bronze, repréſentant l'Autonne & l'hiver. Les tablettes de ces deux meubles ſont de beau marbre ſin. Largeur 36 pouces.

Idem.

316 Deux Bas d'Armoires, premiere partie ſur fond écaille ouvrant à un battant, enrichi d'un médaillon ovale à vaſes fond cuivre & étaim, avec cadre à nœud de ruban & feuilles d'eau ; les champs à maſcarons de Bacchus & les côtés de même : le tout terminé par un pied à avant-corps très-orné, avec tablette en griotte d'Italie. Hauteur 36 pouces, largeur 26 pouces 6 lignes, profondeur 14 pouces.

Idem.

317 Une Commode de *Boule* en marqueterie, fond
cuivre liſſe, à fleurs en étaim, ouvrant à trois tiroirs,
les côtés de forme cintrée, avec gaines en avant-
corps, à large volutes à rinceaux : l'entablement
& les côtés à moulures, à feuilles ; elle eſt enrichie
ſur la face de cadres, maſcarons, roſaces & autres
acceſſoires, & ſupportée par ſix pieds en limaçon,
avec deſſus en marbre cervelas de forme cintrée.
Hauteur 33 pouces, largeur 48 pouces, ſur 20 pou-
de profondeur.

Idem.

318 Deux riches gaines, à trois panneaux de marqueterie, premiere partie à larges fleurons fond cuivre
& étaim ſur écaille, chapiteau quarré en avant-
corps à vouſſure, avec cannelures en écaille bleue
& rinceaux d'ornement & équerre ſur les angles ;
le milieu de chaque panneau, enrichi de maſcarons
de Satyre & cadres à feuilles d'eau & roſace,
terminées par un ſocle en avant-corps à moulures
à gaudron, ſupporté par huit boules en bronze
doré. Hauteur 48 pouces, ſur 14 pouces de profondeur.

Idem.

319 Deux Gaînes en marqueterie ſeconde partie,
de mêmes proportions & ornemens que les précé-
dentes.

Idem.

Idem.

320 Deux petites Gaines nommées Torcheres, figurant fur le devant le demi-cercle d'un fût de colonne, portant fur une efpéce de pilaftre en arrière corps, orné de chaque côté d'en haut d'une tête de lion & chûtes d'ornement , terminé par une riche moulure en vouffure & pofées fur focle garni de cadres, mafcarons & rofaces, fupportées par quatre boules. Hauteur 37 pouces 6 lsgnes.

Idem.

321 Une Pendule par Boule, forme de cartel , fur un pied à cul-de-lampe à rinceaux d'ornemens, avec deux coqs pour fupports ; le cartel dans fa boëte ronde eft orné fur les côtés de mafques & de guirlandes , & furmonté d'un vafe en aiguiere , il vient de la vente de M. Julie de Lalive. Hauteur 36 pouces, largeur 15 pouces.

Idem.

322 Deux Bras de cheminée en bronze doré à deux branches. Ils viennent de la Collection de M. de Boiffet. Hauteur 22 pouces.

Idem.

323 Une paire de Bras à deux branches de genre arabefques, fufpendue à un brandon , fupérieure

E

ment finis & dorés au mat par Goutiere. Hauteur
18 pouces.

F I N.

Lu & approuvé, ce 6 Novembre 1787. Cochin.

De l'Imprimerie de Prault, Imprimeur du Roi,
quai des Augustins.

FEUILLE DE DISTRIBUTION

DE LA VENTE DU CABINET

DE M. LE DUC DE CH***.

PREMIERE VACATION.

Le Lundi 10 Décembre 1787, rue de Cléry, n°. 96.

TABLEAUX DE L'ÉCOLE D'ITALIE.

N°. 4 Barthelemi Schidone.
6 François Albane.
7 Maria Crespi.

ÉCOLES DE FLANDRES ET DE HOLLANDE.

14 Paul Bril.
15 Pierre Neffs & Beugel.
24 David Teniers.
31 Nicolas Berchem.
38 Gaspard Netscher.
39 François Van Mieris.
44 J. Ruisdaal.
48 Adam Pinakert.
51 Hermand Swane Velde.
53 J. Liengelbac.

ÉCOLE FRANÇOISE.

65 M. Vernet 2 Tableaux.
68 M. Lagrennée l'aîné.

N°. 70 J. B. le Prince.

DIFFÉRENS OBJETS.

86 Deux Fûts de Porphyre rouge.
88 Une Tasse de Serpentin.
90 Deux Pyramides de Crystal de roche.
91 Trois autres morceaux.
92 Deux Vases séladon.
99 Une Pendule, J. le Roi.

Suite.

100 Copie de Raphaël.
103 Vollaire, & T.
108 Teniers Canal. T.
114 Wouvermans. T.
120 Jean Assilyn. T.
125 Antonisens. T.
128 Van Derverf. T.
129 Partie quatre Lots.
135 Imbert. T.
137 Moor. T.

A

N°. 178 Partie , cinq Lots d'Estampes.

280 Deux Bas-reliefs, Clodion.

285 Bas-relief en bronze.

290 Une Cassolette d'agate.

294 Porphyre rouge, une vasque.

300 Deux Vases verds , Campan.

304 Deux Flacons , Porcelaine.

305 Deux Jattes.

306 Un Vase.

316 Deux bas d'armoires.

320 Deux Gaînes.

323 Une paire de Bras.

DEUXIEME VACATION.

Le Mardi 11 Décembre 1787.

TABLEAUX DE L'ÉCOLE D'ITALIE.

N°. 1 P. Perrugin.

2 André Solario.

8 Dorche.

ÉCOLES DE FLANDRES ET DE HOLLANDE.

10 J. Both & Corneille.

16 Corneille Polemburg.

21 David Teniers , les Œuvres de Miséricorde.

29 J. Wynantz.

32 Nicolas Berchem.

40 J. B. Weninx.

43 J. Asselyn.

45 Vantol.

49 L. Backuysen.

50 Breklenkamp.

56 G. E. Dietricci.

ÉCOLE FRANÇOISE.

57 S. Bourdon.

59 Glaude Lorrain.

63 F. Lemoine.

67 M. Fragonard.

DIFFÉRENS OBJETS.

77 La Fortune en bronze.

79 Deux Vasques de jaspe.

81 Deux Cassolette de vert antique.

85 Deux Cuves de Porphyre rouge.

87 Plusieurs Fûts de colonnes & de porphyre.

89 Deux Vases Médicis.

93 Deux Pots - pourris , quarrés à tête d'Eléphant.

98 Une Pendule par Sattiau.

Nᵒ. Léonard de Vincy.
102 J. P. Panini.

Suite.

106 Chimyste de D. Te-
niers. T.
110 J. Ruisdaal & Wouwer-
mans. T.
112 G. Terbourg. T.
113 J. Winants. T.
117 N. Berchem. T.
127 Robert. T.
129 Partie, deux Lots.
134 Imbert. T.
136 Mouchet. T.

278 Cinq Lots d'Estampes.
279 Un Vase de Clodion.
284 *Bis.* Aria & Pœtus, en
bronze.
288 Deux Vases d'agate.
292 Deux Flambeaux d'a-
gate.
295 Un Vase de porphyre.
302 Un Vase de porce-
laine.
307 Deax Lions bleus &
violets.
312 Deux Vases de porce-
laine.
315 Deus bas d'armoires.
319 Deux Gaînes.

TROISIÉME VACATION.

Du Mercredi 12 Décembre. 1787.

ÉCOLE D'ITALIE.

Nᵒ. 9 P. Lucatelli.
10 F. Solimene.
11 C. Cigniani.

ÉCOLES FLAMANDE ET
HOLLANDOISE.

18 Bartholomé Bréemberg.
22 Deux Teniers.
27 Adrien Van Ostade.
30 Deux P. Wouwermans.
35 Adrien Van Denvelde.
37 J. V. Derheyden.

41 G. de Lairesse.
42 Karel du Jardin.
46 J. Miel.
47 C. Bega.
52 J. Steen

ÉCOLE FRARÇOISE.

58 Le Nain.
62 Antoine Vatteau.
64 C. Natoire.
71 J. B. le Prince.

DIFFÉRENS OBJETS.

74 Girardon, marbre.

76 Un pied triangulaire en bronze.
78 Un Vafe d'agate orientale.
81 Deux Caffolettes de verd antique.
83 Deux Vafes de ferpentin.
94 Six morceaux de terre des Indes.
75 Deux Flambeaux d'ancien Saxe.

Suite.

101 *bis*. Deux J. Paul.
109 Chambre de Teniers.
111 Ad. Oftade.
116 G. Schalchen.
118 Berchem.
126 Robart.
131 Deux Wetteau.

133 M. Greuze.
143 Candide.
178 Eftampes, cinq Lots.
281 La Fortune, en bronze.
283 Un Enfant couché. *Idem.*
286 Deux Buftes. *Idem.*
291 Une Caffolette d'agate.
296 Deux Vafes d'albâtre.
299 Un Vafe verd d'Égypte.
303 Un Cornet de porcelaine.
308 Deux Magots rieurs.
311 Deux Vafes.
314 Un bas d'armoire de Boule.
318 Deux Gaînes, *Idem.*
322 Deux bras de cheminée, de Boule.

QUATRIEME VACATION.

Du Jeudi 13 Décembre 1787.

ÉCOLE D'ITALIE.

Nº. 3 Deux Gobbo des Carraches.
5 Salvator Rofa.
12 Gafparo Van Vitelli.
13 Deux, J. P. Panini.

ÉCOLES FLAMANDE ET HOLLANDOISE.

17 Bartholomé Brœmberg.

Nº. 19 Par le même.
23 David Teniers.
26 G. Terbourg.
28 *Gérard Dow.*
33 Nicolas Berchem.
34 Adrien Van Denvelde.
36 Willem Van Denvelde.
54 Guillaume Mieris.
55 Le Chevalier Vander Werf.

ÉCOLE FRANÇOISE.

60 Ustache le Sueur.
61 J. B. Santerre.
66 M. Greuze.
69 M. Lagrénée jeune.

DIVERS OBJETS.

72 Etienne Falconnet.
73 Le Gros.
80 Albâtre Fleuri.
82 Deux Piedestaux grand antique.
84 Porphyre rouge.
96 Une Table de pierre précieuse.
97 Un riche Meuble.

Suite.

104 La Buzzi.
105 A. Cuyp.
107 Teniers; fête.

115 Lairesse.
119 J. Asselin.
121 Deux Van Kessel.
122 Franck.
129 Partie.
131 Deux, Pæter.
132 M. Vernet.
278 Cinq Lots d'Estampes.
282 Le Gladiateur en br.
284 J. de Boulogne. *Idem.*
287 Deux Vases.
289 Une Cassolette d'agate.
293 Lustre de cristal de roche.
297 Un Vase de pierre de touche.
298 Deux Coupes jaunes, antiques.
300 Deux Cassolettes.
309 Un Chien porcelaine.
310 Céladon cinq pieces.
313 Un Cabinet de Boule.
317 Une Commode, *Idem.*
321 Une Pendule de Boule.

LE Vendredi 14, & Samedi 15, on vendra tous les Dessins montés & en Feuilles.

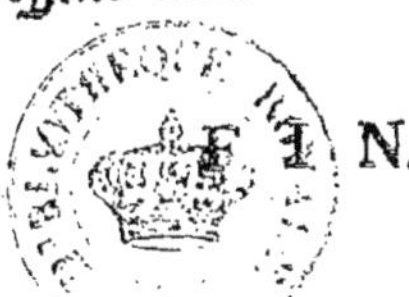

FIN.